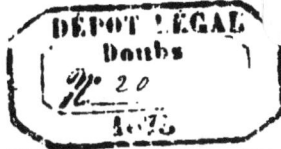

ÉMIGRATION AU KANSAS

ÉTATS-UNIS DE L'AMÉRIQUE DU NORD

LE KANSAS

SES RESSOURCES ET PRODUITS
SES CONCESSIONS GRATUITES DE TERRES

CONSEILS PRATIQUES

AUX ÉMIGRANTS

LA C*ᵉ DE CHEMIN DE FER DE ATCHISON A TOPEKA ET SANTA FÉ
ET SES IMMENSES POSSESSIONS

PAR

GEORGES DE PARDONNET.

Agent spécial d'Emigration de l'Etat du Kansas.

MONTBÉLIARD,

IMPRIMERIE ET LITH. DE HENRI BARBIER.

ÉMIGRATION AU KANSAS

ÉTATS-UNIS DE L'AMÉRIQUE DU NORD.

— ◦ —

Les notions que l'on possède à ce jour sur l'Etat du
Kansas, l'un des Trente-huit Etats qui constituent la jeune
et puissante république des Etats-Unis de l'Amérique du
Nord sont très restreintes et se bornent, je crois, aux
quelques pages, quatre à peine, que l'on peut lire dans le
« *Spécial Report of Immigration* » imprimé l'an dernier à
Washington par les soins du *Général land Office*. Il est
vrai de dire que l'existence de cet Etat ne remonte qu'à
quelques années (1861) ; rien encore n'a été dit ou écrit
sur cette belle contrée pour en signaler les richesses et
démontrer à l'émigration européenne les avantages réels
qu'elle trouverait à se diriger sur ce point, et cependant
ces avantages sont nombreux, encourageants, et d'après
les résultats obtenus dans le courant des six dernières
années, de nature à prouver qu'ils dépassent de beaucoup
ceux que peuvent offrir les Etats ou Territoires voisins.
Dans le but de combler cette lacune, et afin d'engager
l'émigration à venir profiter des bienfaits d'un pays neuf,
et de la distribution généreuse des terres publiques, l'Etat
du Kansas m'a récemment nommé *Agent spécial d'émigration* de l'Etat en Europe, avec des pouvoirs nettement
déterminés et un caractère officiel qui me permettent de
repousser toute espèce de rapprochement avec certains

aventuriers qui ont depuis deux ans honteusement abusé de la confiance des émigrants qu'ils ont généralement conduits à des destinations tout autres que celles qu'ils avaient fait entrevoir ; je serai heureux pour ma part de contribuer à la répression de tels abus dont les victimes n'ont été jusqu'ici que trop nombreuses.

Personne en France n'a de données précises sur l'Emigration et les points où elle se dirige généralement ; le Français voyage peu et n'a que des aperçus geographiques assez erronés, surtout en ce qui concerne le nouveau continent, l'émigrant français quitte sa patrie avec les idées les plus fausses et quelquefois les plus fantastiques sur l'Amérique à laquelle il vient demander cette grande et large hospitalité qui lui est si généreusement offerte, c'est donc lui rendre un véritable service que de le renseigner exactement sur les ressources inépuisables de pays lointains et si peu connus, c'est l'empêcher de faire fausse route et lui épargner les déboires et déceptions auxquels il s'expose, s'il ne sait dans quel sens diriger son activité.

Situation géographique, configuration, et climat.

Le Kansas est l'un des plus vastes Etats de l'Amérique du Nord. La parallèle de 40 degrés Nord de latitude qui passe un peu au sud de Philadelphie forme la ligne Nord de cet Etat ; celle du Sud est la parallèle de 37 degrés de latitude du Sud des Etats du Kentucky et de la Virginie, ce qui représente la latitude et le climat du midi de la France et du Nord de l'Italie. Le Colorado à l'Ouest, le Territoire Indien au Sud, le Missouri à l'Est et le Nebraska au Nord sont ses limites. Le Kansas a une largeur de 210 milles anglais, soit cent dix lieues françaises, et compte une longueur de 430 milles, sa surface est à peu près de 90,000 milles carrés ou autrement dit 57,600,000 acres (l'acre américaine est une mesure qui représente environ trois quarts d'hectare.)

La configuration du sol du Kansas est généralement uniforme et plate, les hauteurs sont peu nombreuses, et le Nord-Est de l'Etat seul possède quelques petites éminences. Le pays se divise en deux espèces de terres, celles dites de *Batton* ou terres des vallées les plus fertiles du monde et qui comptent de dix à seize pieds de terre végétale noire d'une richesse sans égale, et les terres de haute prairie, d'une culture facile, possédant une couche végétale de 2 à 5 pieds et qui sont admirablement aptes à la production des petites graines, blé, avoine, etc., qui réussissent souvent mieux dans ces hautes terres que dans les terres des vallées.

La population du Kansas a plus que doublé depuis trois ans, le recensement du 1er janvier 1870 donnait 325,000 celui du 1er octobre 1872, 705,000 âmes ; le pays est appelé par l'étonnante fertilité de son sol à devenir le jour où il sera peuplé l'un des plus riches Etats de l'Union ; ses produits agricoles de tous genres qui ont déjà obtenu de brillantes récompenses dans les concours ouverts depuis quelques années dans divers grands centres des Etats-Unis, ont été distingués d'une médaille de bronze (Section des Céréales) à la grande exposition universelle de Paris en 1867. Ses fruits sont sans contredit les plus beaux et les plus succulents de l'Ouest et peuvent rivaliser avec les produits de la Californie. Le pêcher en particulier donne de si abondantes récoltes que l'on serait tenté de croire ce fruit originaire du pays ; le raisin y croit partout à l'état sauvage et promet de devenir avec le temps l'une des principales cultures du pays.

Le climat est tempéré et sain, le ciel d'un bleu pur rappelle au voyageur celui de l'Italie ; on a prétendu dans l'Est (et je ne sais pourquoi, rien ne pouvant le justifier) que le Kansas était un pays fiévreux, il n'en est rien pourtant, les cas de fièvre dite « aque » sont assez rares et dus bien plus aux excès de travail ou de débauche et à l'alimentation mal choisie et peu variée du fermier nouvellement installé qu'au climat qui développe au contraire et fortifie les constitutions maladives. (Une personne âgée de ma famille qui depuis vingt ans souffrait en France de maladies auxquelles la médecine n'avait pu apporter aucun remède s'est complètement rétablie depuis notre arrivée au Kansas, je ne cite que cet exemple personnel au milieu de cent autres qui m'ont été signalés.) Les hivers sont généralement très courts, janvier et février permettent au cultivateur, sauf quelques jours de la fin de janvier de se livrer à tous les travaux de la ferme ; la terre n'est jamais gelée au point d'empêcher l'usage de la charrue. Les étés quoique chauds sont toujours tempérés par une brise du Nord fraîche et agréable qui soutient le cultivateur au milieu des plus rudes travaux de la récolte. Le pays est admirablement et abondamment arrosé, l'eau est pure et agréable au goût. Les principaux cours d'eau sont au Nord Est le Missouri, au Centre se jetant dans le Missouri la grande rivière du Kansas qui donne son nom à l'Etat, au Sud-Ouest le fleuve de l'Arkansas, l'un des plus importants cours d'eau de l'Amérique. Le Neosko, le Smokej hill River, le Salomon River, le Republican River, le Cottonwood River arrosent la partie centrale de l'Etat et comptent des milliers de tributaires ; leurs eaux fertilisent les plus jolies vallées qu'il soit possible de trouver dans toute cette partie de l'Amérique, rien de plus frais, de plus grâcieux que les bords de ces rivières et ruisseaux du Kansas, couverts de verdure et très bien boisés ; on y rencontre à peu près toutes les essences, le noyer blanc et noir, le chêne, le mûrier, l'orme rouge et blanc, le sycomore, le cèdre, le *cottonwood* ou peuplier du pays qui produit un coton assez estimé, et le hêtre. A part les rives des cours d'eaux, le bois est assez rare, mais cette rareté du bois est loin d'être un obstacle ; au contraire elle rend la culture du sol infiniment plus facile et plus rapide que dans certains Etats du Nord, où l'on est obligé de couper et quelquefois d'incendier d'immenses forêts qui couvrent toute la surface du sol, et ce défrichement constitue une besogne extrêmement pénible. Pour le moment il y a au Kansas du bois en quantité plus que suffisante pour tous les besoins du fermier ; depuis la découverte et l'exploitation de riches et inépuisables bassins houillers le long du chemin de fer de Atchison Topeka et Santa Fé, l'usage de la houille devient très répandu et presque exclusif dans les villes où son prix est très modique (soit 20 cents ou 1 franc le boisseau, $^3/_4$ d'hectolitre français) plusieurs compagnies se sont déjà organisées pour exploiter ces houillères, toutes prospèrent ; je connais bon nombre de fermiers qui brûlent leur propre charbon qu'ils trouvent sur leurs terres à une profondeur variable.

Modes de propriété

1. Terres du gouvernement — Concessions gratuites

Je suis certain de rester dans la stricte vérité, en disant qu'il n'y a pas un émigrant sur dix mille qui connaisse le texte de ces deux lois du gouvernement des Etats-Unis qui assurent gratuitement 80 ou 160 acres de terre à tout homme âgé de plus de 21 ans ; voici le texte exact de ces lois.

Homestead's law. — *Loi du Homestead* ([1])

« Chaque Chef de famille, ou chaque veuve, ou toute femme non mariée, ou tout homme âgé d'au moins 21 ans, citoyen des Etats-Unis ou qui a fait serment de le devenir, peut obtenir au bureau des Terres du gouvernement après avoir payé dix-huit dollars de droits d'enregistrement 160 acres (plus de cent hectares) de terre en dehors des limites d'un chemin de fer, ou 80 acres dans ses limites. ») On entend par limite de chemin de fer une largeur de dix milles (4 lieues françaises) prise de chaque côté d'une voie ferrée.) Toute personne qui désire occuper une terre sous le bénéfice de cette loi doit se rendre (les anciens soldats exceptés) au bureau des Terres du gouvernement, dans la circonscription duquel elle se trouve située, pour faire la déclaration qu'il a résolu de s'y établir ; les droits de la personne sur la terre commencent seulement après cette déclaration ; il lui est délivré un reçu des droits qu'elle a payés avec indication précise du numéro et de la position de la terre (toutes les terres de l'Etat sont arpentées depuis trois ans, et des bornes en pierre indiquent les coins) et un délai de six mois est accordé pour s'y rendre et l'habiter définitivement. Cinq ans après, cette même personne est tenue de se présenter de nouveau, elle-même, au bureau des titres avec son reçu et deux témoins pour prouver qu'elle n'a pas cessé de cultiver et d'habiter cette terre, c'est-à-dire, que depuis l'époque où elle en a fait la déclaration, elle y a *bâti une maison habitable, creusé un puits et mis dix acres en culture.*

Cette formalité accomplie, un titre de possession en

(1) **Homestead** signifie propriété inviolable en y impliquant l'idée du **foyer domestique.**

règle lui est délivré par le Chef du bureau des titres et contresigné par le Président des Etats-Unis. Une *absence de plus de six mois* à n'importe quelle époque des cinq ans requis par la loi sera considérée comme un fait entraînant la perte de tout droit sur la terre. *Une terre de Homestead's* ne peut être saisie pour aucune espèce de dette, elle représente le domicile inviolable du citoyen américain où aucun fonctionnaire civil ou militaire ne peut entrer qu'en vertu d'un mandat de la loi. En cas de mort avant l'expiration des cinq ans, les droits du défunt sur la terre sont transmis à sa veuve ou à ses héritiers.

Pré-Emption law. (*Loi dite du Pré-Emption*)

» Chaque Chef de famille ou chaque veuve ou toute femme non mariée ou tout homme âgé d'au moins 21 ans, citoyen des Etats-Unis ou qui a fait serment de le devenir, peut obtenir 160 acres de terre *soit dans les limites soit hors des limites d'un chemin de fer.* » Il suffit pour cela de commencer un travail quelconque (culture, construction, rien n'est déterminé à ce sujet) sur la terre que l'on a choisie après s'être assuré auprès des voisins qu'elle n'est point déjà prise. Les droits datent de l'époque où ces premiers travaux sont exécutés, et dans les trois mois qui les suivent, la personne est tenue de se rendre au bureau des terres faire sa déclaration. Il lui est délivré sur le payement de deux dollars (10 francs) un reçu qu'elle devra rapporter 21 mois après pour avoir le droit d'acquérir la terre à raison de 1 dollar et 25 cents (soit 6 f. 25) par acre pour les terres situées en dehors des limites et 2 d. 50 cents (soit 12 f. 50) pour les terres dans les limites d'un chemin de fer. On n'est pas autorisé à se substituer quelqu'un pour demeurer sur la terre et la garder, la loi exige que ce soit

un fait accompli personnellement, et la somme de travaux
à exécuter est la même que celle requise par le *Homestead
law*. Chaque personne a le droit de jouir des priviléges
accordés par les deux lois ci-dessus mais non concurrem-
ment, autrement dit, il est nécessaire de commencer par
profiter de l'une des lois pour avoir le droit d'user de
l'autre. Je me souviens qu'il y a quatre ans, émigrant moi-même, et à la recherche de toutes ces informations si précieuses pour celui qui désire s'établir, j'ai
fortement étonné l'un des hommes d'affaires les plus importants de New-York, plusieurs fois millionnaire et président
de plusieurs compagnies de chemin de fer de l'Ouest en
lui disant que je croyais que le gouvernement des Etats-
Unis donnait gratuitement 160 acres de terre. Le digne
Monsieur qui était sénateur quand furent votées ces deux
lois, en ignorait le premier mot. Si des Américains eux-
mêmes savent si peu de ces questions si importantes à
savoir en Amérique, on ne peut vraiment pas trop blâmer
le pauvre émigrant qui les ignore. Il m'est arrivé souvent
d'écrire en France à de nombreux amis qui me demandaient
des renseignements précis, quelques uns ont catégorique-
ment refusé de croire à cette libérale distribution des terres
publiques, d'autres cependant plus confiants sont venus
augmenter le nombre déjà respectable des résidents français du Kansas et n'ont eu qu'à se louer de leur courageuse
détermination.

Toutefois l'Emigrant en acceptant des terres du gouvernement des Etats-Unis sous le bénéfice de l'une ou l'autre
loi, s'engage, comme on le voit plus haut, à observer
certaines clauses restrictives de la loi, lesquelles n'étant
pas strictement exécutées entraînent la perte de tous les
droits antérieurement acquis. Ces faits sont néanmoins assez
rares et dus la plupart du temps à la négligence de l'Emi-

grant qui n'a pas soin de faire autoriser son absence de la terre, ou à la mauvaise foi de gens toujours disposés à mal interprèter ou à contourner le texte de la loi.

2. Terres des Chemins de fer.

Abordons maintenant la question des terres des Chemins de fer, question grosse d'intérêt et, s'il est possible, encore moins connue de l'Emigrant que celle des terres du gouvernement. Dans la vieille Europe, ce sont les pays déjà peuplés, riches et industriels qui ont le privilége des voies ferrées ; de tels projets sont mis dix ans à l'étude, puis il s'écoule encore dix autres années pour construire, en un mot c'est le pays qui fait le chemin de fer, ici rien de semblable, au Kansas notamment, ce sont les chemins de fer qui font les pays, si l'on peut se servir de cette expression.

En effet nous voyons tous les jours de riches compagnies de chemins de fer formées par des capitalistes de New-York, Boston ou Philadelphie venir construire des voies ferrées dans des pays jusqu'alors connus seulement des géomètres du Gouvernement ou des trappeurs, et effrayer du sifflet des locomotives les buffles tranquilles possesseurs jusqu'à ce moment d'un sol qu'ils foulaient depuis des siècles. Ces sortes de constructions se font avec cette merveilleuse activité qui caractérise les races jeunes et fortes; quelques mois suffisent pour l'établissement de chemins de fer de plusieurs centaines de lieues et presque immédiatement s'élèvent le long de ces routes des cités dont quelques-unes atteignent au bout de peu de temps comme par enchantement un chiffre de population de plusieurs milliers d'âmes, vous en avez plus de vingt exemples le long de la ligne du chemin de fer d'Atchison, Topeka et Santa-Fé. Le gouvernement, dans le but de favoriser ces compagnies de chemins de fer, leur accorde ce que l'on appelle un « *Land Grant,* » c'est-à-dire la propriété absolue de la moitié des terres qui se trouvent à vingt milles de chaque côté de leurs voies ferrées. Les nouveaux Etats et les territoires de l'Union sont divisés d'après les méridiens en « *townschips,* » ce qui correspond en français à un arrondissement et les townschips en 36 sections de 340 acres (300 hectares environ), qui sont elles-mêmes subdivisées en quarts de section de 160 acres subdivisés aussi en fractions de 40 acres, dont voici le spécimen.

6	5	4	3	2	1
7	8	9	10	11	12
18	17	16	15	14	13
19	20	21	22	23	24
30	29	28	27	26	25
31	32	33	34	35	36

On remarquera que les chiffres s'écrivent par la gauche, ainsi chaque Compagnie possède toutes les sections impairs 1, 3, 5, 7, etc. de toutes les terres situées à 20 milles à droite et 20 milles à gauche de ses voies. Après avoir satisfait à certaines conditions stipulées avec le gouvernement des Etats-Unis, une Compagnie a le droit à une époque déterminée (achèvement complet de la voie et service régulier des trains), à opérer à son bénéfice la vente des concessions qu'elle possède. Une de ces Compagnies de chemins de fer, la plus riche et celle qui a le plus brillant avenir, l'*Atchison, Topeka, and Santa Fé Railway C°*, traversant tout l'Etat du Kansas, du N. E. au S. O. (550 milles de parcours dans l'Etat) et possédant un *land grant* de 3,500,000 acres de terres réputées les meilleures du Kansas, m'a confié la mission spéciale de faire connaître à l'Emigrant et principalement dans ce premier voyage, à l'Emigrant français, les avantages qu'elle s'est décidée à offrir et jusqu'ici sans précédents, à ceux qui voudront venir prendre place au soleil sous le beau ciel du Kansas. Elle offre ses terres, de riches vallées, de magnifiques prairies à des prix qui varient de 2 à 8 dollars l'acre (10 à 40 francs), suivant la qualité et surtout la position, avec onze années de crédit pour effectuer les paiements annuels, en ne demandant qu'un intérêt de 7 % sur les paiements différés, bien que l'intérêt commercial et légal de l'Etat soit 12 %, c'est-à-dire que le premier paiement ne sera que le dixième de la somme totale, la seconde et la troisième année pas de capital à payer, mais seulement l'intérêt des neuf dixièmes encore dûs.

Exemple.

160 acres vendus le 1er Mai à M. X. à raison de 5 dollars l'acre, soit . . . . 800 dollars.

Les paiements seront dûs et effectués de la manière suivante :

1er Mai 1872, jour de l'achat, un dixième du montant total, soit 80

Un an d'intérêt 7 % sur les paiements à faire 50 40, c'est-à-dire, sur 720 doll. 50, 40

Total au 1er Mai 1872. . . 130. 40

Paiements à faire.

1er	Mai	1873		50, 40	50, 40
2e	«	1874		50, 40	50, 40
3e	«	1875	80, 00	44, 80	124, 80
4e	«	1876	80, —	39, 20	119, 20
5e	«	1877	80, —	33, 60	113, 60
6e	«	1878	80, —	28, 00	108, 00
7e	«	1879	80, —	22, 40	102, 40
8e	«	1880	80, —	16, 80	96, 80
9e	«	1881	80, —	11, 20	91, 20
10e	«	1882	80, —	5, 60	85, 60
11e	«	1883	80, —		80, 00

Un escompte de 10 °/₀ est fait sur tous les achats de terre payés comptant; de plus, dans le but d'encourager et d'aider l'émigrant dans ses efforts, la Cie de Atchison, Topeka et Santa Fé accordera d'importantes remises à ceux qui auront fait sur leurs terres quelques travaux ou qui y auront apporté de sensibles améliorations ; ainsi ceux qui prendront l'engagement de mettre en culture dans les trois premières années de leur arrivée un dixième des terres qu'ils auront achetées, recevront une remise de 17 °/₀ sur leurs paiements, et au bout de ce laps de temps, s'ils veulent prendre l'engagement de cultiver dans une autre période de cinq ans un autre dixième des terres qui leur restent à défricher, ils recevront une déduction de 15 °/₀ sans préjudice de celle déjà accordée, ce qui donnera en somme une remise de 32 °/₀ sur tous les paiements à effectuer encore.

Exemple.

M. X, qui a acheté 160 acres à 5 dollars l'acre demande

à bénéficier des remises accordées à ceux qui cultivent un dixième de leurs terres.

Paiements à faire	Epoques	Principal	Intérêts	Total	Remises pour culture	Restant à payer
1er	1873	»	50, 40	50, 40	»	50, 40
2e	1874	»	50, 40	50, 40	»	50, 40
3e	1875	80	44, 80	124, 80	22, 21	102, 59
4e	1876	80	39, 20	119, 20	20, 26	98, 94
5e	1877	80	33, 60	113, 60	36, 35	,77, 25
6e	1878	80	28,	108,	34, 56	73, 44
7e	1879	80	22, 40	102, 40	32, 76	69, 54
8o	1880	80	16, 80	96, 80	30, 97	65, 83
9e	1881	80	11, 20	91, 20	29, 18	62, 02
10e	1882	80	5, 60	85, 60	27, 39	58, 21
11e	1883	80		80,	25, 60	54, 40

En cas que l'acheteur ait payé comptant sa terre le jour de l'achat et qu'il ait le désir de prendre part à cette sorte de joûte agricole aux conditions énoncées ci-dessus, il lui sera fait en argent une remise de 22 $^1/_2$ p. $^o/_o$, le jour où les améliorations et les travaux requis auront été reconnus exécutés et cela sans préjudice des 10 $^o/_o$ d'escompte accordés sur les paiements faits argent comptant. De cette façon, une terre coûtant primitivement 4 Dollars l'acre ne reviendra plus à l'acheteur qu'à 3 Dollars environ. La Compagnie d'Atchison, Topeka et Santa Fé est plus désireuse de voir ses terres se peupler et se cultiver pour développer par ce moyen la prospérité commerciale du pays et l'accroissement du trafic, que de spéculer sur une plus value des terres en les tenant en réserve un an ou deux de plus pour en exiger ensuite des prix plus élevés, ce qui du reste lui est à peu près interdit par le Gouvernement des Etats-Unis.

Ainsi l'Emigrant en achetant les terres de la Cⁱᵉ. d'Atchison, Topeka et Santa Fé devient de suite et à bien peu de frais, propriétaire d'un sol riche destiné à valoir de 25 à 100 dollars l'acre en quatre ou cinq ans, à proximité d'un chemin de fer qui assure le débouché facile et avantageux de tous les produits agricoles et le laisse en cas d'absence, libre de toute préoccupation sur la valeur de ses droits; en payant exactement chaque année la faible somme stipulée par son contrat d'achat, il devient le maître d'une ferme qui lui assure tout le confortable que peut se donner le fermier intelligent de l'Ouest, confortable assurément bien supérieur à celui dont jouit le cultivateur français. Je suis disposé à mettre *gratuitement* au service des émigrants à leur arrivée à Topeka, des agents pour leur montrer les terres, les aider à s'installer et les tenir en garde contre toutes les surprises et toutes les vexations qui assaillent l'Emigrant se croyant assez fort pour conclure lui-même, dans un pays qui ne parle pas sa langue, les premières transactions dont dépend souvent le succès des années futures.

Le parcours sur le chemin de fer d'Atchison, Topeka et Santa Fé sera gratuit pour ceux qui s'engageront à acheter des terres. Notre bureau central des terres (*A. T. and Santa Fé RR. Land departement*) est situé à Topeka capitale de l'Etat du Kansas (12,000 âmes) le personnel qui le compose . est un personnel de choix et fera tout ce qui sera en son pouvoir pour aider les Emigrants dans leurs premiers pas toujours difficiles. Tous ceux qui voudront obtenir de plus amples informations sont priés de venir me voir ou de m'écrire, je n'épargnerai ni temps ni peine pour donner au sujet toute la lucidité nécessaire. Les familles surtout peuvent compter sur le meilleur accueil et obtiendront toujours les conditions les plus avantageuses ; je suis disposé à remettre à ceux qui le désireront, des lettres d'introduction et de recommandation pour mes agents à Topeka, ce qui leur assurera de suite la plus cordiale réception.

Main d'œuvre et salaires

Quelques mots maintenant du pays en général. Les villes dont quelques unes dépassent en population 15 et 20,000 âmes présentent mille ressources pour tous les métiers ; les capitalistes y trouvent à faire des placements solides qui varient de 12 $\%$ intérêt légal de l'Etat à 100 $\%$ sur les terres, immeubles, marchandises en consignation etc. Tous les commerces prospèrent ici du moment qu'ils sont conduits par des gens intelligents. Une opinion fort accréditée, c'est que tout en Amérique est hors de prix, ce n'est pas exact ; la vie proprement dite ne coûte pas plus au Kansas qu'en France ; les vêtements seuls et la chaussure y sont d'un prix très élevé. La main d'œuvre est malheureusement pour le pays beaucoup trop rare, les artisans tels que maçons, tailleurs de pierre, plâtriers, menuisiers sont fort recherchés et par conséquent très bien rémunérés. Un maçon gagne de 3 à 5 dollars par jour (15 à 25 francs) un tailleur de pierre de 4 à 6 dollars (20 à 30 fr.) un menuisier de 3 à 4, un plâtrier de 6 à 8 ; l'ouvrier, le manœuvre proprement dit est très recherché à la ville comme à la campagne. On paye habituellement dans les fermes un homme de 20 à 45 dollars par mois (nourriture et blanchissage en plus du prix ci indiqué.) J'ai vu l'été dernier des cultivateurs perdre de belles moissons de blé et d'avoine faute de bras ; les femmes sont surtout extrêmement rares, il est presque impossible à une famille de se procurer des filles de service, même au prix de 4 ou 5

2

dollars par semaine (20 à 25 francs) ; la population masculine de l'Etat du Kansas étant pour le sexe féminin dans la proportion de 9 à 1, il en résulte qu'une jeune fille ou femme libre de sa personne trouve de suite à se marier et à son choix très convenablement.

Les lois du Kansas sont, je crois, de toutes les lois qui régissent les autres Etats de l'Union, les plus favorables au pauvre et à l'ouvrier. Il est impossible à une personne qui a employé un ouvrier de ne pas le payer dans les 24 heures qui suivent l'achèvement du travail pour lequel il a été engagé (sauf consentement mutuel bien entendu) : dans le cas de refus, l'ouvrier a le droit d'en faire immédiatement la déclaration au premier magistrat venu en présence de deux témoins et de prendre séance tenante une hypothèque sur la propriété de son débiteur pour assurer le paiement intégral de la somme due, il va de soi que 99 fois sur 100 le patron est contraint de payer et a de plus à sa charge les frais de procédure toujours très lourds au Kansas. La loi est précise à ce sujet et assure à la classe ouvrière des droits qu'elle ne conquerra jamais sur le vieux continent.

Instruments aratoires, procédés de culture

Le prix de tous les instruments aratoires et agricoles est au Kansas moins élevé qu'en France et la qualité est sans contredit supérieure à tout ce que l'on peut trouver de meilleur dans les manufactures françaises, et ce serait faire un mauvais calcul que d'en emporter avec soi.

Les charrues par exemple : il y en a de deux espèces principales, celles dites de *Cassage* que l'on emploie pour ouvrir le sol des terres vierges et celles de *Vieille terre* qui servent à retourner les champs déjà cultivés, sont extrêmement remarquables : leur soc est d'un acier, qui défie par sa trempe celui des meilleures fabriques françaises, la forme en est commode, elles sont légères et fortes à la fois. Les premières se manœuvrent avec trois bons chevaux attelés de diverses façons (chacun fait à ce sujet comme il l'entend) les secondes avec une paire de chevaux ordinaires et accomplissent un travail très facile et pour l'homme et pour les animaux.

Pour les émigrants qui arrivent, il est plus économique de faire *casser* la quantité d'acres de terre que l'on désire mettre de suite en culture, par des voisins ou des gens qui en font métier ; ce travail se paye de 3,50 à 4 dollars l'acre, c'est, je le répète, une véritable économie de temps et d'argent pour la première année où le fermier a tant de choses à faire.

Les *wagons*, (voitures de fermiers du Kansas) sont des véhicules commodes et appropriés à tous les usages des champs, ils se composent de deux parties, la caisse extrêmement solide et légère qui peut s'enlever aisément, et le brancard comprenant les quatre roues et les pièces principales qui les relient, lequel peut servir au charroi des longues pièces de bois, des arbres et du foin; on met dans ce dernier cas sur le brancard une sorte de claie très solide à claire voie que chacun fabrique à sa manière et qui varie peu de ce que l'on emploie en Europe pour le même usage. Ces *wagons* se vendent de 90 à 180 dollars, et la moitié du temps une partie de la somme à crédit. Une bonne paire de harnais vaut 30 dollars, les autres petits instruments, bêches, haches, pioches, fourches coûtent de 1 dollar à 1 dollar et demi pièce. On a une bonne selle pour 12 dollars.

Tous les grands travaux d'agriculture se font au Kansas à la mécanique : un pauvre diable qui faucherait son foin à la faulx ou son blé à la faucille ferait pitié à tous ceux qui le verraient s'épuiser à ce pénible travail. On fauche à la

mécanique et le foin et les récoltes — blé, avoine, orge,
seigle ; une machine complète de ce genre coûte 140
dollars. Généralement une seule machine fournit aux
besoins de tout un petit coin de pays, cela dispense
ceux qui n'ont pas un capital suffisant d'en acheter une
dès les premières années. On paye de 0,75 cents à un 1
dollar l'acre le fauchage du foin ou des récoltes, et
cela se règle non en argent, mais en travail par suite
du besoin que l'on éprouve dans un pays où la main
d'œuvre fait défaut de s'aider beaucoup entre voisins. Une
machine à battre le blé coûte 1200 dollars, ceux qui en
possèdent parcourent le pays après les récoltes et viennent
battre alternativement chez tous ceux qui en font la demande
au prix de 7 ou 10 sous le boisseau américain (mesure qui
équivaut aux deux tiers de l'hectolitre français.) J'ai vu
quelques gens qui ont gagné beaucoup d'argent dans des
spéculations de cette nature. Les machines à semer le blé
coûtent de 60 à 80 dollars, mais ne peuvent être utiles,
malgré leur incontestable supériorité sur le travail manuel
comme régularité et comme vitesse, qu'à ceux qui possèdent déjà une grande quantité de terres en culture.

Les terres cultivées s'entourent de *fences*, en français
enclos, pour mettre les récoltes à l'abri des atteintes
du bétail, enclos qui varient suivant les localités et les
ressources de formes et de matériaux : il y en a qui
sont faits en poteaux fendus dans des troncs d'arbres
et grossièrement équarris, en planches de toutes espèces,
en pierres même superposées les unes sur les autres sans
maçonnerie. Mais l'enclos le plus économique que l'on
puisse établir dans le pays et en même temps celui qui est
de plus rapide construction consiste en quatre ou cinq
rangs de fil de fer tendus et fixés à égale distance le long
de solides poteaux en chêne ou noyer enfoncés en terre à

deux pieds, de pareilles clôtures ne reviennent pas à plus
de 150 dollars pour 80 acres de terres, ce qui représente
un prix très modéré pour l'Ouest des Etats-Unis. Tous les
métaux du reste et les bois sont à meilleur compte en Amérique que sur le vieux continent. Une dernière espèce de
fence bien autrement solide et bien autrement économique
que toutes les précédentes est celle que l'on appelle dans le
pays « *Osage orange hedge*, c'est à dire haie d'oranger·
Avec un demi dollar de graines de ce petit arbuste et trois
ans de patience l'on en peut entourer toute sa terre et la
mettre à tout jamais à l'abri du bétail. C'est un oranger
sauvage qui produit de petits fruits très aigres, originaire
du Texas et des Etats de l'Amérique centrale, il croît avec
une extrême rapidité, toutes les branches et même le tronc
sont garnis d'épines effroyablement aigues et nombreuses ;
en trois ans, avec quelques soins au printemps et des tailles
faites en temps opportun cet oranger sauvage donne une
barrière infranchissable même au bœuf le plus rétif ; nous
recommandons spécialement à chaque émigrant d'en
planter sitôt que possible à l'intérieur de sa *fence* à 3
pieds environ, trois ans après il pourra l'abattre et la trans-
porter ailleurs et ainsi de suite jusqu'à ce que toutes a propriété soit complétement entourée.

Elève du Bétail.

Certains Comtés ont pour des motifs différents, principalement puisés dans les intérêts locaux, défendu le parcours
sans gardien des nombreux troupeaux de bétail élevé dans
le pays, mais la majeure partie des Comtés permettent à
chacun de laisser librement circuler et paître le bétail dans
les prairies. L'élève du bétail est une des sources véritables

de la richesse publique du Kansas, celle qui lui apporte de l'Est la plus forte portion du capital qui circule dans le commerce. (Je connais parfaitement des fermiers qui avec cinq vaches, leur premier avoir, ont fait en huit ans des affaires magnifiques.) Les bestiaux du Kansas, grâce à un sol fertile, couvert huit mois de l'année d'une herbe succulente, et abondamment arrosé d'une eau pure et fraîche (rien n'est plus commun dans le pays que les sources,) sont grandement appréciés par les boucheries de l'Est qui envoyent des acheteurs à presque toutes les époques de l'année. Les marchés de Chicago et de Saint-Louis, les deux grands centres de l'Ouest, payent le bétail du Kansas sur pied, un demi sou la livre au-dessus du cours général.

Mais avant d'aborder l'élève de la race bovine, disons deux mots de la race chevaline.

Il n'y a point au Kansas d'élève en règle et sur une grande échelle, de la race chevaline. Chacun possède plus ou moins de chevaux et de juments ; les beaux étalons sont extrêmement rares et se trouvent seulement dans les Comtés du N.-E. de l'Etat, les plus anciennement peuplés (12 ans environ.) Il existe deux espèces principales de chevaux dans le pays : le *poney*, espèce petite et vigoureuse, apte à la selle surtout, bien qu'elle soit souvent utilisée, faute de mieux, à tous les travaux de la ferme ; et l'espèce dite *américaine*, plus haute, plus forte et provenant des races importées d'Europe. Le croisement des deux espèces donne des résultats très satisfaisants : les chevaux qui proviennent de ce mélange sont infiniment plus capables de supporter les fatigues que les chevaux dits *américains* et servent indistinctement à tous les travaux du fermier. L'élève du mulet n'est encore qu'à son enfance au Kansas, et cependant j'ai vu dans le pays des mulets qui peuvent rivaliser par leur taille et leur vigueur avec les mulets espagnols, ils ne sont à recommander que par leur sobriété, car ils possèdent tous les vices propres à les rendre dangereux.

Voici un aperçu des prix : Une paire de poneys coûte de 80 à 150 dollars, une paire de chevaux américains de 150 à 300 dollars, mulets de 200 à 400 dollars ; on peut avoir une belle jument poney pour 75 dollars ; une américaine de 125 à 150 dollars. On ne trouve pas, sauf de rares occasions, d'étalons de prix à vendre, ils viennent tous de l'Est des Etats ou d'Europe, quelques individus ont fait très rapidement de petites fortunes avec un seul étalon ; on paie de 8 à 25 dollars pour faire couvrir une jument. Les chevaux du Kansas sont assurément les animaux les moins difficiles que j'aie vu, sobres et vigoureux, ils ne demandent un peu de grain, maïs ou avoine, que dans l'hiver ou pendant qu'ils sont employés aux plus durs travaux de la ferme ; le reste du temps ils se contentent de l'herbe de la prairie qui ne coûte rien.

Malgré la grande inexpérience et le peu de soin qu'y apportent les fermiers du Kansas, l'élève de la race bovine donne des bénéfices énormes qui varient de 25 à 100 % et quelquefois au-dessus. Celle du mouton est fort lucrative aussi et dépasserait ce chiffre si le fermier du pays voulait se donner la peine d'apporter à cette industrie le soin qu'elle mérite. Il y a là pour le pays une question grosse d'intérêt; la laine brute est activement demandée sur le marché à raison de 80 cents (4 francs) la livre, (un mouton peut en moyenne fournir chaque année au-dessus de trois livres de laine), malgré la certitude de ce bénéfice peu de gens savent ou veulent se donner la peine de faire un effort pour cette élève de bestiaux. Cependant trois grandes manufactures de laine viennent d'être récem-

ment construites dans l'Etat du Kansas, le long de la
ligne de *Atchison, Topeka and Santa Fé Railway,* sur les
meilleurs plans et munies des appareils les plus perfection-
nés, qui n'attendent pour marcher que les matières premières. Ce fait peut vous donner une juste idée de l'activité
et de l'intelligence commerciale de la jeune population du
Kansas. Je suis persuadé que d'ici peu notre jeune Etat
sera le centre d'une grande élève de moutons à laquelle il
est du reste, tout le monde se plaît à le dire, merveilleu-
sement adapté, et que tissant sur place nos produits, nous
nous épargnerons les transports de chemin de fer et l'inter-
médiaire toujours très onéreux des manufacturiers de l'Est.
Les objets en laine, effets, couvertures sont positivement
hors de prix ici, exemple, une mauvaise paire de couvertures à peine suffisante pour un homme coûte de 6 à
8 dollars. Le prix de revient du foin à la tonne (2000
livres pesant) ne dépasse pas 3 dollars, chacun a autour
de soi des milliers d'acres à faucher et peut en faire à
discrétion, il n'y a que la main d'œuvre qui coûte. On
compte habituellement par hiver deux tonnes pour la consommation d'un cheval et une tonne pour celle de chaque
tête de bétail à cornes, le mouton peut se suffire avec un
quart de tonne; cependant ceux qui donnent cette quantité
sont rares et n'ont pas tort, car c'est de l'argent bien
placé. Un seul homme à cheval peut garder 150 têtes en
un seul troupeau, ce qui fait revenir à 4 dollars par tête
le prix de l'hivernage du bétail au Kansas. Un mot maintenant des prix. Un bœuf de 2 ans et demi, époque à laquelle
il est bon pour la boucherie, se paie de 23 à 32 dollars;
une bonne vache à lait de 3 ans révolus de 35 à 50 dollars
et au-dessus; une génisse de 2 ans et demi, époque de sa
première portée, bien que les cas de précocité soient extrêmement fréquents à un an et demi, vaut de 25 à 30 dollars;

les moutons qui ne valaient que 2 dollars 50 à 3 dollars 50 il y a deux ans se paient maintenant de 4 à 6 dollars tête, par suite des essais d'élève faits sur différents points.

Les porcs sont chers, leur élève bien facile cependant et très lucrative, les débouchés assurés sur place même, car tout le monde sait que dans les colonies et les pays nouveaux la viande séchée et salée constitue pendant long-temps la base de la nourriture du fermier, un jeune porc de 2 mois se paie de 3 à 6 dollars. Il est bien plus avan-tageux (l'expérience le prouve) à un fermier de faire manger son maïs à des cochons pour les vendre ensuite à la bou-cherie que de le vendre au boisseau ; on a fait le calcul que dix boisseaux de maïs pouvaient engraisser de cent livres un porc arrivé à un an. Une truie d'un an vaut de 20 à 25 dollars ; pour les gros porcs assez avancés pour être tués le prix est calculé à raison de 7 à 12 sous la livre sur pied, ce qui fait revenir cette viande bien plus cher que celle du bœuf qui s'achète dans toutes les boucheries, les morceaux au choix 10 sous la livre. La volaille est une source de grands et faciles profits : la main d'œuvre étant trop chère pour permettre au fermier d'apporter beaucoup de soin et d'économie à la rentrée des récoltes, il se perd par ce fait même une notable quantité de graines dans les champs et autour des bâtiments d'exploitation, le fermier intelligent a et doit avoir une quantité de volailles, poules, canards, dindes etc. pour ramasser ce grain perdu. Géné-ralement, les espèces du pays sont belles, leur fécondité merveilleuse au printemps. Les œufs se vendent toujours bien, de 15 à 40 sous la douzaine suivant les saisons ; les poulets sont aussi d'une vente très facile de 35 à 50 cents la pièce. L'élève des dindes ne donne aucun souci au fer-mier, elles trouvent elles-mêmes leur nourriture, vont dans la prairie vaguer des semaines entières et reviennent toujours à la ferme. Les américains sont très friands de cette volaille qui se vend de 1 à 5 dollars la pièce.

Disons maintenant quelques mots des ressources que présente le pays pour l'alimentation, soit en gibier, soit en poisson.

Le Kansas est très giboyeux et les rivières abondent en poissons dont quelques-uns (le poisson chat) sont de véritables monstres par leur poids et leur volume. Comme gibier, on trouve le buffle sauvage (à une certaine distance maintenant des Comtés peuplés), le cerf, l'antilope, le faisan, la dinde, la poule de prairie, l'oie, le canard, l'écureuil, la grive, la caille. Comme poisson, la carpe, la truite, le poisson chat (espèce d'énorme carpe qui porte une sorte de moustache pareille à celle du chat, qui lui a valu son nom), la perche, le poisson dit buffalo qui ressemble par son énorme tête au bœuf sauvage et une quantité fabuleuse d'anguilles et surtout de tortues, dont quelques-unes pèsent plus de 150 livres, les écrevisses foisonnent dans tous les ruisseaux.

Dans les premiers mois de l'installation, la chasse donne au nouvel arrivé un appoint très important et plus tard aide à varier l'alimentation et à la rendre agréable, je sais que pour ma part je n'ai jamais mangé de venaison plus délicieuse que celle des cerfs que l'on tue chaque année aux premières neiges. La viande du buffle, lorsqu'il est jeune encore, est exquise et plus blanche que celle du bœuf, elle est d'un grain plus fin et plus serré et n'a pas le goût particulier à la viande de gibier. La poule de prairie qui ressemble exactement quant au plumage à la perdrix de France est de la taille d'une belle volaille domestique et fournit un manger délicat. Le canard sauvage que l'on tue au Kansas dès les premiers froids est à mon avis le meilleur gibier à plume du pays. Les dindes sauvages dont les Indiens sont hélas ! trop friands deviennent malheureusement rares, car c'est un très fin gibier.

Le Kansas ne possède aucun animal dangereux. Le seul qui mérite à vrai dire un coup de fusil, parce qu'il vient dévaster les basses cours est un chat sauvage de la taille du chat domestique, qui se sauve au moindre bruit. Il n'y a point de gros reptiles, on trouve certainement quelques serpents, mais tous de petite taille, qui ne mordent que lorsqu'on pose dans la prairie le pied sur leur corps ; je n'ai jamais vu d'accident sérieux survenu par suite de morsures de reptiles.

Installation du Fermier.

Les constructions du pays varient à l'infini de forme, d'aspect, de matériaux, on trouve dans les villes des constructions de pierres ou de briques qui étonnent l'Européen persuadé en arrivant qu'il ne va trouver que le désert ou tout au plus de misérables cabanes ; j'ai apporté avec moi quelques photographies de forte dimension des principaux monuments du pays afin de donner à ceux qui en manifesteront l'intention, une juste idée d'un pays qui n'a que quinze ans de date.

On construit au Kansas, en pierres, en briques, en bois de sapin, en bois du pays, de cent façons différentes, mais généralement vu le prix très modéré des bois du Nord transportés par les chemins de fer à un tarif très réduit, on construit en sapin ces gracieuses maisons dites « *frames houses* (maisons en bois de sapin). Avec moins de 250 dollars un fermier peut posséder une maison de ce genre composée de trois belles chambres avec cuisine, elles sont plâtrées en dedans, peintes en blanc au dehors et produisent au milieu de la prairie le plus agréable effet. Les charpentiers du pays les construisent avec une étonnante rapidité et une solidité qui défie tous les vents. Le long de la ligne du chemin de fer on trouve de nombreux entrepôts de bois où l'on n'a qu'à choisir. Tout est classé par longueur et par séries, le premier charpentier venu du pays vous dira à quelques pieds de bois près la quantité de planches, de traverses, de fenêtres, de portes qui vous sont nécessaires, tout est prêt et ne demande que peu de travail pour l'ajustage et le clouage, ce qui est indispensable dans un pays où tout doit se faire vite, le temps est trop précieux au Kansas pour permettre de le dépenser inutilement, il faut par conséquent considérer comme moins cher ce qui est le plus rapide.

Généralement au Kansas l'on construit en bois comme première installation, mais comme la pierre est très belle et qu'elle ne coûte que la peine de l'extraire du sol, on bâtit en pierre la seconde ou la troisième année qui suit l'arrivée, cela dépend du temps et des moyens dont dispose l'émigrant ; la pierre à chaux se rencontre partout à profusion, avec un peu de travail chacun se brûle sa chaux soi-même pour éviter de l'acheter fort cher souvent à distance trop considérable. La terre à brique n'est pas rare non plus, j'ai remarqué que les Belges étaient réputés dans le pays les meilleurs fabricants de briques. Les briques font des constructions moins massives et plus coquettes que la pierre, mais à mon avis cette dernière matière est sans rivale comme solidité, surtout pour maison de ferme et dépendances de ferme.

Produits agricoles.

Toutes les céréales viennent à merveille au Kansas, la culture en est facile et bien plus économique qu'en Europe, puisque la terre est si riche qu'elle ne demande pas de fumier ; je connais personnellement des voisins qui depuis dix ans mettent du blé chaque année dans la même terre sans songer soit à la laisser en repos une année, soit à la soutenir par quelques engrais.

La vente de tous les produits de la ferme est assurée sur place pour bien des années, car chaque jour une quantité considérable de nouveaux émigrants venant s'installer dans le pays, augmente la consommation sans fournir un appoint immédiat à la production, il est donc nécessaire qu'ils achètent d'abord pour leurs besoins et pour leurs semailles, ce qui dispense, je le répète, de s'occuper des débouchés. Dans les comtés de l'Est de l'Etat déjà un peu plus peuplés, il y a des marchés établis où tous les produits se vendent bien pour être expédiés dans les grands centres de consommation, New-York, Chicago, St-Louis. L'année dernière nos marchés ont fourni à New-York d'énormes quantités de beurre (réputé le meilleur) et de fabuleux envois d'œufs. Il n'est pas rare au Kansas de voir un fermier posséder 400 têtes de bétail à cornes et mille volailles.

On fait deux semailles de blé au Kansas ; une dite de *blé d'hiver* et l'autre de *blé de printemps*, la première est supérieure à la seconde et comme qualité et comme rendement, il faut compter comme semence un boisseau par acre pour le blé, un boisseau par dix acres pour le maïs, un boisseau à l'acre pour l'avoine, le seigle, l'orge etc.

Le blé est de toutes les céréales celle qui se vend et se vendra de longtemps le mieux au Kansas, puisque l'Etat est loin encore par suite de l'accroissement si rapide de sa population, de produire sa consommation de blé. Le blé d'hiver se vend de 1 dollar 50 à 2 dollars le boisseau, le blé de printemps de 1 à 1, 50. Le maïs de 50 sous à un dollar, l'avoine de 50 à 75 sous, ainsi que le seigle, l'orge se vend de 1 à 2 dollars et produit d'énormes récoltes. Du reste la terre donne avec usure au Kansas. Voici des chiffres : le maïs rapporte à l'acre de 60 à 100 boisseaux, le blé d'hiver de 35 à 50, celui de printemps de 25 à 30, l'avoine de 60 à 80, l'orge de 80 à 100. Les pommes de terre fournissent de prodigieuses récoltes, jusqu'à 300 boisseaux à l'acre, des chiffres vraiment fabuleux ; les oignons jusqu'à 400 boisseaux, ces derniers légumes se vendent très bien et sont très recherchés, l'oignon faisant apparition dans toute la cuisine du pays. Le jardinage donne d'excellents résultats ; les gros légumes, choux, navets, carottes réussissent très bien, les pois, les haricots rapportent considérablement : les salades seules et cela faute de soins la plupart du temps, donnent peu et généralement des feuilles un peu dures. Il n'y a pas de bons jardiniers dans le pays et l'on peut dire en passant que c'est même une lacune; chacun fait son école soi-même, et assurément, si les jardins rapportent, c'est que la terre est riche et non pas parce que ceux qui la grattent s'y entendent. Du reste vous voyez (et ceci est à leur louange) 99 fermiers du pays sur cent vous avouer très naïvement qu'ils s'y entendent peu et font de leur mieux d'après les conseils de ceux qui s'y connaissent davantage.

Commerce et Industrie.

Le crédit des Etats-Unis que l'on avait cru il y a quelques années à jamais abattu par l'effroyable guerre civile de la sécession, s'est relevé plus fort que jamais, et à cette heure, les Etats-Unis sont sans contredit la première république crainte et respectée dans l'univers entier, sans armée permanente cependant à entretenir ni flotte sur les mers, son crédit fait pâlir tous les jours celui de sa rivale l'Angleterre, et les nations de l'Asie lui envoient leurs fils à instruire. Le dollar or américain, vaut 5 fr. 30 de la monnaie française et le papier monnaie est à peu près de 10 à 12 % au-dessous du cours de l'or. On voit rarement l'or circuler dans le commerce, toutes les transactions ont lieu au moyen du papier, même pour les appoints. Les 5 sous sont seuls en nickel, viennent ensuite les billets de 10 sous, de 15, de 25, de 50 sous et d'un dollar, puis de 2, de 5, de 10, de 20, de 50, de 100 et de mille dollars.

Il se fait un très grand commerce au Kansas. Le caractère américain étant complètement incompatible avec tout ce qui ressemble à de l'économie, il s'en suit, (vu les ressources du pays, l'argent dont dispose la classe ouvrière, le besoin de bien-être légitime du reste et accessible à tous, puisque tous gagnent largement leur vie), qu'il se fait au Kansas un chiffre d'affaires énorme pour une population de 600,000 âmes, bien supérieur à ce que consommerait et dépenserait une population européenne de cette importance.

Il y a beaucoup d'argent à gagner dans toutes les branches de commerce et d'industrie ; des tailleurs, de véritables tailleurs et non ceux qui nous habillent actuellement au Kansas, feraient des fortunes considérables en quelques années, des modistes françaises gagneraient ce qu'elles voudraient, tout ce qui est luxe se payant des prix inouïs. Un pâtissier, un vrai pâtissier français, ferait en deux ans une fortune (je serais personnellement heureux de rencontrer un bon pâtissier pour en faire cadeau à la capitale de l'Etat). Comme grandes industries, nous avons des manufactures de ponts en fer, les plus importantes du centre du continent américain, des fonderies considérables, d'énormes moulins à vapeur et à eau, de grandes fabriques de voitures, d'instruments aratoires et d'armes, quelques manufactures de coton et de laine ; toutes ces industries prospèrent.

La banque enrichit tous ceux qui s'y adonnent, le commerce de toutes les épices se fait sur une vaste échelle, presque toujours en gros, et donne de forts bénéfices à ceux qui s'en occupent et s'y entendent. La vente des vêtements d'hommes ou de femmes tout confectionnés, des chaussures, etc., ce qui s'appelle en anglais « *dry goods,* » a enrichi énormément de commerçants depuis quelques années et promet toujours de beaux bénéfices à ceux qui s'y consacrent.

Je ne puis passer outre sans dire que dans mille endroits de l'Etat du Kansas, sur tous les cours d'eau qui l'arrosent et principalement dans la partie que traverse le chemin de fer d'Atchison, Topeka et Santa-Fe, il y a de magnifiques chutes d'eau à utiliser pour moulins à blé, scieries mécaniques, en un mot toutes les industries qui nécessitent l'emploi d'un moteur hydraulique, le meilleur marché des moteurs. Plusieurs moulins fonctionnent déjà dans tout le pays ; quelques-uns ont fait en trois ans la fortune de leurs propriétaires. Celui qui se trouve à une lieue de ma ferme, le *Cedar point mills* a donné à son fondateur des bénéfices qui paraîtraient fantastiques à tout européen, tellement on est habitué en France à regarder le 10 °/₀ comme très productif.

Des Ecoles. — Des Eglises. — Des Journaux.

Tout le monde sait que l'instruction est plus répandue aux Etats-Unis que dans aucun autre pays du globe et que les cas d'hommes ou de femmes (sauf les nègres âgés) ne sachant ni lire, ni écrire, sont extrêmement rares et considérés comme de véritables curiosités. Le nouvel Etat du Kansas a dépassé sous ce rapport tout ce qu'avaient fait jusqu'à ce jour les autres Etats de l'Union, ses aînés. Les étrangers de passage s'arrêtent avec admiration devant nos

écoles communales : une Altesse impériale, le grand duc
Alexis de Russie, en avril dernier, s'arrêta avec surprise
devant une des écoles communales de Topeka pour demander quel était ce palais. Le général américain auquel il s'a-
dressait lui fit lire alors l'inscription du frontispice : *Lincoln school,* Ecole de Lincoln, nom du premier président, et
le grand duc peu habitué à voir les gens du peuple posséder de pareils asiles pour l'instruction de leurs enfants, ne
put s'empêcher d'en manifester en termes élogieux pour
l'Etat et la ville toute son admiration. Je tiens à la disposi-
tion de tous ceux qui désireraient les voir de grandes photographies représentant ces monuments.

A cette heure l'Etat du Kansas contient, réparties dans
ses 33 comtés, 1803 écoles desservies par 2640 professeurs
et fréquentées par 83,218 élèves de tous les âges, je dis
tous les âges, car vous voyez tous les jours l'ouvrier auquel
le vieux continent n'a pu ou voulu donner l'instruction,
venir demander aux écoles de sa nouvelle patrie les con-
naissances qui lui manquent, et aller le soir après le labeur
du jour s'asseoir humblement à côté de jeunes enfants de
12 ans sur les mêmes bancs.

Chaque comté, chaque townschip fait chaque année une
large part sur ses ressources aux Ecoles ; l'Etat leur donne
en toute propriété les sections 16 et 36 de chaque townschip, c'est-à-dire un dix-huitième des terres de l'Etat,
(3,200,000 acres) soit une valeur excédant au bas mot
15,000,000 de dollars, religieusement employés à l'érection de nouvelles écoles ou à l'entretien et aux dépenses de
celles qui existent déjà ; on fait venir à grands frais des
précepteurs des Etats-Unis, quelquefois même d'Angleterre. Plus de dix enfants groupés à n'importe quel coin
éloigné de la frontière nécessitent l'érection immédiate d'une
école, et je dois ajouter qu'il y a trois ans allant en excur-

5

sion au territoire Indien, la dernière maison que je saluai à la frontière ce fut une Ecole.

En dehors des Ecoles communales, il existe dans l'Etat trois grandes Universités établies sur le plan des Universités d'Angleterre et plusieurs institutions privées où les jeunes gens de familles riches reçoivent une instruction et une éducation fort soignées.

Des Eglises.

Les populations du Kansas sont très pieuses, tous les cultes y sont représentés et chacun suit avec beaucoup d'assiduité le culte auquel il appartient. La religion romaine possède un évêque à Learenworth et une cathédrale qui a coûté plus de deux millions de la monnaie française ; les cultes les plus répandus avec le catholicisme sont ceux des Méthodistes, des Anabaptistes, des Presbytériens, des Congrégationalistes et des Episcopaliens. Les églises sont presque aussi nombreuses que les Ecoles. L'Etat reconnaît tous les cultes, mais ne les entretient point, le salaire du clergé est à la charge de ceux qui l'emploient, ce qui, à mon avis, dégage le prêtre d'une espèce de servitude envers l'Etat, je dois ajouter que peu de clergé est aussi respecté que le nôtre et aussi bien rémunéré. Il y a douze ans, un mois après l'établissement de la première colonie qu'ait possédé l'Etat, à Lawrence, un service régulier était établi ; j'ai vu souvent à la frontière le service divin célébré sous des tentes.

Des journaux.

Il s'imprime au Kansas une grande quantité de journaux, mensuels, hebdomadaires, journaliers, presque tous soutenus dans leurs efforts par des subventions locales. Rien en effet n'a plus contribué et ne contribue plus encore au développement de l'Etat que toutes ces feuilles qui vont au loin faire part des avantages de tous genres que le Kansas offre sous mille formes aux travailleurs. Sur 158 feuilles, 96 paraissent tous les jours, 29 hebdomadairement, 33 mensuellement.

Vous n'entrerez pas dans la plus humble demeure au Kansas, même chez des hommes de couleur, sans trouver sur la table, surtout si c'est un dimanche, plusieurs journaux ; chacun peut et doit s'occuper des affaires publiques. Généralement en Europe on ne trouve les gazettes dans les villages qu'entre les mains de quelques-uns, riches ou en possession d'emplois publics, c'est là un trait caractéristique.

Les Indiens. — Le Désert.

On a beaucoup parlé il y a quelques années au Kansas des Indiens, des déprédations et des meurtres qu'ils ont commis dans le nord de cet Etat, mais depuis toute crainte à ce sujet est évanouie. Le Gouvernement des Etats-Unis a assigné aux tribus turbulentes des territoires en dehors de l'Etat du Kansas, réserves où elles sont tenues de résider sans pouvoir en sortir. Les troupes des Etats-Unis sont du reste échelonnées le long de cette réserve pour empêcher toute espèce d'agression ; d'ailleurs je dois dire pour ma part, et d'après ce que j'ai vu moi-même, que dans tous les conflits qui se sont élevés, le plus souvent ce n'était pas les pauvres peaux rouges qui avaient tort, mais bien des blancs peu scrupuleux de voler aux Indiens des chevaux ou des armes, et quelquefois de se porter aux plus graves outrages sur la personne de leurs femmes ou de leurs filles.

Il y a également un véritable canard géographique à réfuter sur l'existence du fameux désert américain dont

tous les savants européens marquent la pointe extrême dans
le S. O. de l'Etat du Kansas. Non seulement le Désert tout
entier qui figure sur toutes les cartes françaises n'existe
point, mais encore cette partie de l'Etat n'a pas même
l'apparence aride et stérile qu'on suppose à un haut plateau;
je l'ai visité moi-même et je puis affirmer que l'eau n'y
manque pas, mais que de bonne heure, au printemps, des
troupes innombrables de buffles (bisons) venant s'y donner
rendez-vous, piétinent le sol sur trois cent milles environ
et lui enlèvent cet aspect riant que l'on trouve dans les
endroits cultivés où ces troupeaux n'osent plus s'aventurer,
vu la présence des blancs qui sont, je crois, leurs plus
grands ennemis, car si les Indiens en tuent, ils le font au
moins par nécessité et pour vivre, tandis que le blanc tue
par plaisir et laisse en partant des centaines de victimes sur
la plaine, ce qui donne à manger au loup et irrite le peau
rouge qui voit chaque année les troupes diminuer ou fuir
ces régions.

Il me reste maintenant peu de chose à ajouter, si ce n'est
quelques conseils à l'émigrant, conseils que me dicte ma propre expérience. Sauf les vêtements, le linge et la chaussure,
tout est à meilleur marché aux Etats-Unis qu'en France,
j'entends parler des instruments de tous genres, des meubles,
etc. A la dernière page vous trouverez un aperçu de tous
les prix des provisions et ustensiles de toute espèce nécessaires à celui qui arrive. Il est donc parfaitement inutile de
vous embarrasser de toutes sortes d'objets qui ne peuvent
que vous gêner dans votre voyage naturellement très rapide
et être la source de mille ennuis et de mille dépenses. Si
vous désirez emporter tel ou tel article, il faut vous poser
cette question : Il pèse tant, il vaut tant, il me coûtera tant
une fois arrivé au Kansas, au moyen des aperçus de prix
et de transports que vous trouvez ici, vous pouvez vous

rendre compte de ce que serait le prix d'achat de l'objet équivalent au Kansas, le reste ne demande pas un grand effort d'imagination pour vous montrer ce qu'il y a de mieux à faire. Ce qui est essentiel, c'est de se munir du plus d'argent possible et d'arriver dans les meilleures dispositions de corps et d'esprit, afin de bien être apte à voir et à juger de suite les choses sous leur véritable aspect. Il est donc bien important de ne point perdre de temps en route, ou arrivé à destination, et de ne se laisser distraire de son but par aucun plaisir, surtout de n'écouter aucune des offres ou propositions dangereuses de mille aventuriers qui vivent de l'inexpérience des émigrants. New-York est rempli de pièges de ce genre, les Français ou soi-disant Français que vous y rencontrez sont les plus à craindre, il est capital de ne pas s'y laisser prendre.

J'ai pris des arrangements spéciaux avec la plus grande Compagnie de bâtiments à vapeur faisant le transport des émigrants entre l'Europe et l'Amérique ; ces arrangements assurent aux émigrants dirigés par mes soins le passage à des prix si réduits qu'il est impossible de trouver mieux auprès des autres Compagnies qui sont loin d'offrir et le même confortable et la même nourriture que la Compagnie dont je vous indiquerai tous les prix. Les bâtiments de cette Compagnie sont les plus grands qui soient à flot sur l'Océan, et leur rapidité de marche est incontestable et incontestée sur tous les autres vapeurs des autres lignes. Je suis moi-même venu par un des steamers de cette Compagnie, le *Baltique*, le dernier lancé en mer, qui a fait le trajet de New-York à Liverpool en 7 jours 20 heures et 25 minutes, le trajet le plus rapide qui ait été encore fait entre ces deux points. Je délivrerai aux personnes qui en feront la demande une lettre spéciale pour l'agent de cette Compagnie au Havre contenant l'indication des prix jusqu'à destination de Topeka,

Kansas, prix qui ne pourraient être augmentés sous aucun prétexte ; je serai reconnaissant à toutes les personnes qui voudront bien me signaler les abus ou les défectuosités qu'elles rencontreraient, afin qu'il me soit loisible d'y porter promptement remède.

Je termine en assurant de nouveau l'accueil le plus favorable à toutes les personnes désireuses d'aller profiter au Kansas des privilèges et des avantages de tous genres que leur offre le pays par sa richesse naturelle et inépuisable et l'Etat qui donne si généreusement l'hospitalité à ceux qui viennent la lui demander.

Quelques années d'efforts, un peu de travail, de l'ordre dans les idées et les affaires peuvent garantir à tous ceux qui viennent en Amérique une position qu'ils ne peuvent même pas rêver sur le vieux Continent où les rangs trop serrés ne permettent même à l'homme le plus intelligent que d'avancer petits pas à petits pas et sans aucune sécurité pour l'avenir.

TABLEAUX DES PRIX.

Main d'œuvre.

Charpentiers, par jour de . . 12 fr. 50 à 20 fr. 00.
Chef charpentier   «   . . . 20 « 00 à 30 « 00.
Peintres   «   . . . 15 « 00 à 25 « 00.
Maçons   «   . . . 20 « 00 à 30 « 00.
Tailleurs de pierre «   . . . 20 « 00 à 50 « 00.
Ouvriers et manœuvres, par mois 125 « 00 à 200 « 00.
   nourriture en sus.
Bonne, par semaine de - . . 20 « 00 à 30 « 00.

Employés de commerce.

Garçons d'hôtel ou de marchands de liquides, par mois, de	200 fr. 00 à 400 fr. 00.
Commis de magasin pour vente ou tenue de livres	350 « 00 à 500 « 00.
Employés de banque. . . .	500 « 00 à 750 « 00.

Employés des Compagnies de chemins de fer.

Hommes d'équipe ou graisseurs de trains, par mois. . .	400 fr. 00 à 450 fr. 00.
Conducteurs	500 « 00 à 750 « 00.
Employés aux écritures des stations	200 « 00 à 800 « 00.
Employés au télégraphe . .	350 « 00 à 500 « 00.
Inspecteurs ou chefs de service	800 « 00 à 1500 « 00.

Bois de construction de sapin tout prêts.

A peu près 40 °/₀ meilleur marché qu'en France.

Plancher, les 1000 pieds anglais	150 fr. 00 à 250 fr. 00.
Bois de traverse	125 « 00 à 150 « 00.
Bois extérieur pour former les murailles . . . . , .	120 « 00 à 150 « 00.
Bois léger pour former les murs à l'intérieur.	100 « 00 à 130 « 00.
Bois servant de couverture, le mille	20 « 00 à 25 « 00.
Bois de supports pour toiture .	150 « 00.

Fenêtres garnies de leurs verres
et toutes prêtes à être posées
(8 verres) . . . . . .   8 fr. 50.
Portes toutes prêtes . . . .   10 « 00 à   15 « 00.
Lattes pour plâtrer . . . .   30 « 00.
Bois de sapin pour enclos, non
raboté, 5 centimètres de large
et de 4 à 6 mètres de long . 150 « 00 à 160 « 00.

Objets mobiliers.

Prix courant de Topeka.

(Extrait du journal le « *Kansas daily Commonwealth.*) »

Bois de lit — noyer noir . . .   20 fr. 00 à 22 fr. 50.
Table en noyer noir à battants. . 25 « 00.
Pour chaque rallonge . . . ,   8 « 75.
Chaises la demi douzaine . . .   17 « 50 à 25 « 00.
Commodes à tiroirs et glace . .   75 « 00 à 100 « 00.
Lavabos . . . .   20 « 00 à 40 « 00.
Matelas de paille de maïs . . .   25 « 00.
Sommier élastique . . . . .   50 « 00 à 60 « 00.
Fauteuil . . . .   20 « 00 à 30 « 00.
Fourneau de cuisine de famille,
4 trous, four etc, et 25 pièces
de cuisine, casseroles, marmi-
tes, etc. — N° 7 . . . . 100 « 00.
                   N° 8 . , . . 150 « 00.
                   N° 9 . . . . 250 « 00.
Fourneau d'appartements, de . .   50 « 00 à 80 « 00.
Tuyaux par pièce de 50 centimètres   1 « 50.
Coude . . . .   3 « 00.
Seau en zinc . . . .   5 « 00.

Boîtes en zinc pour conserves, la
    douzaine . . . . 5 fr. 00.
Les articles de table, coutellerie etc. sauf la porcelaine qui
    est fort chère, coûtent moins qu'en France.

Instruments d'agriculture.

Charrue de « cassage » pour ouvrir
    les terres vierges . . . . 150 fr. 00.
Charrue pour les terres déjà en
    labour . . . . 35 « 00 à 50 « 00.
Machine à faucher mécanique,
    pour le foin seulement . . . 520 « 00.
Pour les récoltes et le foin. . . 600 « 00 à 850 « 00.
Voiture de fermier à deux chevaux
    avec boîte, siége à ressorts,
    mangeoires pour les chevaux,
    chaînes et frein, de . . . 450 « 00 à 500 « 00.
Fourches, de . . . . . . 3 « 50 à 5 « 00.
Pic, de . . . . 5 « 00 à 8 « 00.
Hache. . . . . 7 « 50
Rateau . . . . 3 « 50.
Couteau à couper le foin . . . 5 « 00.
Barre à mine. . . . . . . 15 « 00 à 20 « 00.
Fers pour les chevaux, les 100
    livres . . . . 35 « 00.

Provisions. — Détail.

Farine, le sac de 100 livres . . 15 fr. 00 à 25 fr. 00.
Farine de maïs . . . . . . 7 « 00 à 7 « 50.
Pommes de terre, l'hectolitre
    français . . . . 2 « 50 à 3 « 00.

Jambon fumé, la livre. . . .	0 fr. 70 à	1 fr. 00.
Epaules d°.	0 « 60 à	0 « 75.
Porc salé.	0 « 65 à	0 « 75.
Bœuf salé et fumé	0 « 75 à	1 « 00.
Maquereau, morue, etc. . . .	0 « 50 à	0 « 75.
Fromage de New-York. . . .	1 « 00 à	1 « 25.
Id. du Kansas	0 « 80 à	1 « 00.
Beurre	1 « 25 à	1 « 65.
OEufs, la douzaine.	0 « 90 à	1 « 00.
Haricots blancs, la livre . . .	0 « 25 à	0 « 30.
Sucre demi-blanc, id. . . .	0 « 60 à	0 « 75.
Sucre très-blanc, id. . . .	0 « 75 à	0 « 85.
Café Rio choix, id. . . .	1 « 15 à	1 « 25.
Café ordinaire mêlé id. . . .	1 « 00 à	1 « 25.
Café Java, id. . . .	1 « 50 à	1 « 60.
Mélasse par mesure de 4 litres .	4 « 50 à	5 « 50.
Mélasse première qualité . . .	5 « 50 à	6 « 00.
Thé noir, vert, mêlé	4 « 50 à	10 « 00.
Riz (Caroline), la livre . . .	0 « 60 à	0 « 65.
Sel blanc	0 « 15 $^{1}/_{2}$	
Vinaigre, 4 litres	1 « 65 à	2 « 50.
Pommes sèches, la livre . . ,	0 « 50 à	0 « 65.
Pêches, id. . . .	0 « 75 à	0 « 80.
Raisins secs, id. . . .	1 « 50.	
Prunes sèches id. . . .	0 « 90 à	1 « 00.
Raisins de Corinthe.	0 « 90 à	1 « 00.
Mûres sèches , ...	0 « 90 à	1 « 00.
Cerises sèches sans noyau. . .	1 « 50 à	2 « 00.
Maïs, à l'hectolitre.	2 « 25 à	2 « 50.
Blé, id.	5 « 00 à	16 « 00.
Avoine, id.	2 « 00 à	2 « 50.
Seigle, id.	2 « 00 à	2 « 50.
Orge, id.	2 « 00 à	5 « 00.

Pétrole, les 4 litres. . . . . 2 fr. 50.
Cordes de manille, la livre . . 1 « 00 à 1 « 25.
Tabacs à fumer, de. . . . . 1 « 65 à 5 « 00.
Tabacs à chiquer, la plaque de
³/₄ de livre. . . . . . . 1 « 00 à 1 « 25.
Cigares, pièce, de . . . . . 0 « 50 à 2 « 50.

Viandes de boucherie.

Bœuf,   la livre, de . . . . 0 fr. 20 à 0 fr. 60.
Veau,   id.   . . . . . 0 « 75 à 1 « 00.
Porc frais   id.   . . . . . 0 « 60 à 0 « 75.
Mouton   id.   . . . . . 0 « 60 à 0 « 75.

Volailles.

Poulets, poules, etc., la pièce . . 1 fr. 25 à 2 fr. 50.
Canards. . . . . 1 « 00 à 1 « 50.
Oie, à la livre . . . . 0 « 60.
Dinde,   id. . . . . 0 « 75.
Gibier, à vil prix, pas de marché courant.